南京稀见文献丛刊

新都胜迹考

（民国）周念行 徐芳田 编

点校 邓攀

南京出版传媒集团
南京出版社

图书在版编目(CIP)数据

新都胜迹考 / 周念行,徐芳田编. -- 南京:南京出版社,2014.5

(南京稀见文献丛刊)

ISBN 978-7-5533-0518-9

Ⅰ. ①新… Ⅱ. ①周… ②徐… Ⅲ. ①名胜古迹一南京市 Ⅳ. ①K928.705.31

中国版本图书馆 CIP 数据核字(2014)第 069398 号

丛 书 名: 南京稀见文献丛刊
书　　名: 新都胜迹考
作　　者: (民国)周念行　徐芳田
出版发行: 南京出版传媒集团
南 京 出 版 社

社址:南京市太平门街 53 号　　　邮编:210016
淘宝网店:http://njpress.taobao.com
电子信箱:njcbs1988@163.com
联系电话:025-83283871、83283864(营销)　025-83112257(编务)

出 版 人: 朱同芳
责任编辑: 高美玲　杨传兵
装帧设计: 杨晓岗
责任印刷: 杨福彬

排　　版: 南京新华丰制版有限公司
印　　刷: 南京工大印务有限公司
开　　本: 890 毫米×1240 毫米　1/32
印　　张: 2.75
字　　数: 52 千字
版　　次: 2014 年 9 月第 2 版
印　　次: 2014 年 9 月第 2 次印刷
书　　号: ISBN 978-7-5533-0518-9
定　　价: 13.00 元

营销分类:古籍　方志

总　序

南京是我国著名的七大古都之一，又是国务院首批公布的24座历史文化名城之一。有将近2 500年的建城史，约450年的建都史，号称“六朝古都”、“十朝故都”。南京的地方文献是中华历史文化资源的一个重要组成部分，是研究我国政治、经济、军事、文化和民风民俗的重要资料。按照南京市委、市政府以科学发展观统领全局的要求，配合经济发展与城市建设，深度挖掘历史文化资源，做好历史文献整理出版工作，不仅有利于传承、弘扬南京历史文化，提升南京品位，扩大南京知名度，也有利于当前的物质文明、精神文明、政治文明和社会文明建设。

长期以来，南京地方文献还没有系统地整理出版过，大量的南京珍贵文献散落在全国各地的图书馆和民间。许多珍贵的南京文献被束之高阁，无人问津，有的随着岁月的流逝而湮没无闻。广大读者想要查找阅读这些散见的地方文献，费时费力，十分不便。为开发和利用好这一祖先留给我们的文化瑰宝，充分发挥其资治、存史、教化、育人功能，南京出版传媒集团·南京出版社组织了一批专家和相关人员，致力于搜集整理出版南京历史上稀有的、珍贵的经典文献，并把《南京稀见文献丛刊》精心打造成古都南京的文化品牌和特色名片。为此，我们在内容定位上是全方位、多视角地展示南京文化的深层内涵和丰富魅力；在读者定位上是广大知识分子、各级党政干部以及具有中等以上文化程度的人；在价值定位上，丛书兼顾学术研究、知识普及这两者的价值。这套丛书的版本力求是国内最早最好的版本，点校者力求是南京地方文化方面的专家学者，在装帧设计印刷上也力求高质量。

总之，我们力图通过这套丛书的出版，扩大稀见文献的流传范围，让更多的读者能够阅读到这些文献；增加稀见文献的存世数量，保存稀见文献；提升稀见文献的地位，突显稀见文献所具有的正史史料所没有的价值。

《南京稀见文献丛刊》编委会

导 读

民国南京既是著名古都又是新定首都，为国内最受关注的城市之一，境内长江和铁路交错，通行便利，游者荟萃，相应的旅游手册、城市指南或以导游为目的之书籍倍受欢迎。特别是南京被国民政府再度确定为首都以后，此类书籍累年层出不穷，名目繁多。仅就笔者所知，举例如下：国府建都前的有，1918 年的《南京游览指南》、1919 年的《沪宁沪杭甬铁路第二期旅行指南》、1922 年的《金陵杂志续集》、1924 年的《最新南京游览指南》等；国府建都后的有，1928 年的《新都游览指南》《新南京志》，1929 年的《新都胜迹考》《最新简明首都指南》，1932 年的《旅京必携》《京镇苏锡游览指南》，1933 年的《新南京》《首都导游》《京沪路旅行指南》《津浦铁路旅行指南》，1936 年的《都市地理小丛书 · 南京》，1946 年的《首都游览指南》，1947 年的《南京游览手册》（包括“陵园”、“石头城”附清凉山、“栖霞”、“汤山”、“莫愁湖”附朝天宫、“白鹭洲”附凤凰台、“雨花台”、“玄武湖”、“燕子矶”、“鼓楼”等十册）、《南京导游》，1949 年的《南京小志》等。林林总总，不一而足，而且有些书还不断增订重版。其中周念行、徐芳田所著《新都胜迹考》是出版较早的一种，并且颇具特色。

周念行(1897—1981),字树美。浙江省江山县贺村镇青塘尾村人。与同县戴笠为文溪高等小学的同班同学。1915年,留学日本明治大学政治系。归国后游历粤楚。1926年,参加北伐。历任湖北省黄陂县长、浙江省遂安县长、安徽省贵池县长。1934年,为收编湘西王陈渠珍余部,赴庐山求见蒋介石,遇戴笠介绍遂加入军统,任南昌行营调查科秘书。后历任军统局局长办公室主任秘书、保密局少将秘书。1948年5月至1951年间,曾在台湾奉命两度以学者身份陪伴张学良研读明史。1981年,在台北病逝。曾主修《遂安县志》(民国十九年刊)。因文化程度高、文字功底好,在军统中有"读书人"之誉。

徐芳田,生卒年不详。浙江省江山县人。国立中央大学毕业。1929年春,任职中央大学区立通俗教育馆图书部。后返浙江,任省立温州师范学校教导主任。1935年7月,继任校长。1938年8月,奉调离校。1942年,戴笠在江山县老家复办曾为军统输送大批毕业生的上海肇和中学,亲任校董事长。他被延聘为该校教师。1944年9月,江山县创办县立简易师范学校,他为首任校长。后至省立杭州高级中学任教。

南京是六朝古都,历史悠久,古迹繁多,山川奇丽,风物清淑,故徐芳田在此读书时,常常利用课余和假日,慕名漫游,"凡南京所有胜迹,足迹殆遍"。但由于古城历经兵燹,沧桑变迁,名胜背后之史实不详,他久有搜罗轶闻,博采志乘,撰写“胜迹考”的打算。在到通俗教育馆工作后，他与在南京“供职曹部”的同乡周念行所居甚近，常常相聚漫谈。周念行闲时也喜欢游览南京名胜，二人遂决定分工合作，以实地踏访所见所闻，加上搜选载籍旁征博引，共同编著此书。不到一个月，书稿就已完成。恰值当时孙中山奉安大典之期已近，很多中外人士将前来观礼。为加重该书份量，周念行特地请求孙中山长子、时任考试院副院长兼铁道部部长的孙科为其题写了书名，并在书首插入孙中山遗像及遗嘱全文。书前之叙由孙科的家庭教师、山东平度人侯述先（基督教浸信会所办平度知务中学教师）所作，所署时间为“纪元十八年五月”，即 1929 年 5 月。书后之跋则由徐芳田所作，所署时间为“民十八奠都南京二周年纪念后十日”，即 1929 年 4 月 28 日。当年 5 月 20 日出版发行，定价“大洋四角”，发行所是位于上海北四川路底北丰乐里卅二号的新建设书店，印刷者是位于上海老垃圾桥北的上海天星印刷所。该书又有上海法学社 1930 年版，可知其颇受读者欢迎。

全书分为二十章，据目录分别是《新都沿革概略》、《钟山》、《鸡笼山》、《狮子山》、《清凉山》（在正文中题为《石头山即清凉山》）、《冶山》、《燕子矶》、《栖霞山》、《南汤山》、《牛首山》、《雨花台》、《莫愁湖》、《韬园》、《愚园》、《玄武湖》、《周处台》、《刘园》、《鼓楼公园》、《大钟亭》、《秦淮河》，末附《新都城垣之现状及城门之改称》。该书以南京著名的山水、园林为纲，串连其中景点。对于不熟悉南京地理的外地读者而言，这种编排办法具有一目了然、直入主题的优点。侯述先在叙中称此书是“游览景物之南针”，但其体例与书肆行销的指南、手册类旅游工具书有所差别，没有罗列交通、食宿、物产等信息。由于它是文人编著，又以“胜迹考”为名，故在名胜介绍上内容更加翔实丰富，不是简单抄撮的流水账。如描述栖霞山，作者用了900多字的篇幅，而比它稍早的《最新南京游览指南》、《新都游览指南》均不到200字。介绍燕子矶的篇幅近400字，《最新南京游览指南》、《新都游览指南》仅用五六十字。

书中按照当时导游类书籍的惯例，随文配有风光照片。据目录所题当有10处名胜的照片，而通览正文，实有照片11帧，依次为明孝陵、中山陵鸟瞰（图片说明为英文）、扫叶楼、燕子矶御碑亭、燕子矶头、三台洞、雨花台、莫愁湖、通俗教育馆、玄武湖之早、玄武湖之断桥，共涉及9处名胜景点。从画面内容看，照片来源颇杂，应该多是出自书刊和明信片，加之印刷条件有限，画面质量一般。不过这些照片直观地表现了上述名胜在20世纪20年代末的状况，对辨识老照片及其年代具有标尺性意义。有些照片更是过去少见，如：燕子矶乾隆御碑亭，已由同治年间重建的半封闭单檐六角亭改为水泥建筑，六柱无墙，上为带护栏的平顶瞭望台，插有青天白日旗；通俗教育馆（韬园），青溪（杨吴城壕）绕岸，水面开阔，桃柳倒映；玄武湖断桥，实为由长洲（时称亚洲）连接梁洲（时称美洲）的堤埂缺口，上覆桥板以通行，后改建为芳桥。

与一般导游书不同的是，书内随景点还插入相关诗词，其中完整的依次有顾炎武、胡玉昆（误署胡玉崐）、苏轼、王安石、朱元璋、徐夔、爱新觉罗·弘历、罗隐、杨试昕、刘禹锡、杜旟、秦蕙田、李建勋、杨潮观、于濴、诸廷槐、张澎、崔瑶、张盖、李白、靳志、李璟、杜牧、王献之、范成大等 25 人 31 首。此外，正文中还不时引用前人诗句及历史典故，并对提及的众多名人和古迹又以附注形式在每章之末补充介绍。此举提升了书籍品位和游览兴致，还很好地展现了南京的悠久文化，使游人面对胜迹增长见识之际，更易生发沧桑之感和思古幽情。

对于今人而言，该书还有其独特的文献史料价值。由于这类导游书籍的作者除了介绍或稽考名胜古迹的源流和名实，为体现导游的实用价值，对其现状也颇多着墨。不同年代的此类书籍共同构成了反映地方历史变迁的一种特殊地情资料，而随着历年不断整理发掘，其年代空白日渐填补，系列史料渐成规模。出版于 1929 年 5 月的《新都胜迹考》便是串连南京地区这个史料系列的重要一环。该书出版时，恰值国民政府奠都刚满两周年，距奉安大典仅有一旬，正是南京城市发展史上的重要时期，故其所记有不少内容可补史乘或提供佐证。书中对南京建都之初的两件大事就作了浓墨重彩的记述，一是玄武湖的整理，一是南京城垣的废留。

玄武湖是民国南京最负盛名的郊游胜地。此书记载，清末开丰润门（今玄武门）后，游湖者不再从太平门绕道。其游览路线，是乘车马直抵丰润门，出门循大埂，至湖心的长洲，然后北折有小径通老洲，由老洲东折，可至趾洲。新洲为长洲所环，四面皆水。麟洲则孤悬东南。书中又载，孟夏之月樱桃成熟，游人蜂拥，而荷花开时则驾舟者最多，又老洲湖神祠内有湖心亭，共两级可登眺，设茶座可品茗，夏日听蝉赏莲，兴趣悠然。由此可见，夏时为游湖旺季。但各洲多杂树芦苇，还有农夫、渔人居住，“颇欠清洁”。而且为养鱼，堵塞了与护城河的通道，淤泥无处宣泄。市政府打算将其建设成“最新最大之公园，故以世界之五洲名之”。其主要措施包括改良湖洲、整理止易园、将门外堤路建成马路、开放钓鱼、建筑码头、成立网球场、提倡打靶、组织诗文社、改湖神庙为民众教育馆、在城门设立意见箱、清理曾公堤、开辟美洲至太平门河路等。此外，该书还记载了昆明小学所在的陶公亭（陶然亭，又名张端二公祠）被改设为五洲公园管理处，并对这座已经消失的西式建筑有难得的实景描绘：“八角”、“白垩红砖”，登临之后“全湖在望”。

南京城垣为全国第一大城，对其存废之争是当日牵动各方的大事。该书专门在书末以附录记载了这一事件。作者先交代了南京 16 座城门名称及前一年对 7 座城门的更名，随后描述城垣幸免拆除的经过。1927 年南京市政府成立之初就有拆城之议，到 1928 年秋刘纪文市长为便民取水实际拆除了大树城至正觉寺的一小段。当年 11 月，刚由蒋介石担任主席的国民政府下令拆除太平门至神策门段城垣，仅保留台城。社会舆论哗然，同时北平古物保管委员会函请南京市保留古迹，市府左右为难决定暂缓实施，但中央陆军军官学校仍在拆卸城墙取砖建校。1929 年 3 月 1 日，国都设计委员会评议会召开第二次会议，美籍顾问茂菲氏(墨菲)提出在建都计划未确定前不要拆除城垣的建议得到大会通过。该会主席、国民政府委员、铁路部长孙科随即呈请国民政府核办。3 月 8 日，国民政府遂以第一九四号训令同意所请，要求市政府遵照办理。但蒋介石以中央军校校长名义亲自给国民政府呈文，要求允许军校继续拆城取砖，历经波折后事态始平息。该书收录了 3 月 8 日训令全文，将其广而告之，并以此为全书终结，足见其对南京文物的态度。

除了上述两事外，书中所记值得一提尚有以下数项：一是通俗教育馆。作者徐芳田供职之所，位于公园路韬园内，1912 年筹建，1915 年开馆。初名省立通俗教育馆，南京政府施行大学区制，以大学统辖教育，故该馆名称也随大学名称变化而屡次更易，先后冠称第四中山大学区立、江苏大学区立、中央大学区立。不久大学区废，又复旧称。1930 年定名省立南京民众教育馆。主要职责是通过提供图书阅览、普及科学常识及巡回讲演等方式实施社会教育。据书中所记，1929 年时该馆下辖图书、科学、艺术、事务、推广五部，馆内还设有音乐亭、民众茶园、医院、学校等，参观者接踵而至。为设立教育馆，韬园时已不复旧观，花木被重新布置，亭台池榭有拆有留，惟旧垣上还嵌有“韬园”二字石刻。二是鉴园和览园。二园位于棉鞋营路东、青溪（杨吴城壕段）西岸。鉴园，又称吴园，为李鸿章侄女婿吴学廉在南京为官时所居别墅，筑于光绪中叶。张之洞曾为其"赏寂"堂题写扁额并赋诗称之，在金陵盛名一时。览园，在鉴园南，来历待考。据1933年成书的《金陵园墅志》载，郑孝胥的濠堂比邻鉴园的半青草堂。郑吴二人相善，郑孝胥曾为鉴园撰记。考览园方位，可能就是濠堂。《胜迹考》称，鉴园内多植物，有茶馆，意境幽邃，出后门可乘船游青溪，览园形势与前者相似，但略俗气。其所述可与《园墅志》互补。三是第一公园。此园为进入民国以后南京兴建的第一所颇具规模、真正的现代公园，原本是 1923 年为纪念自杀的江苏督军李纯所设。国民政府建都南京后，改造为纪念北伐烈士的公园。1937 年毁于日军空袭，其后遗址又彻底消失于日军对明故宫机场的扩建中。故书中所记公园状况颇为珍贵。四是半山寺石坝。半山寺谢公墩附近有半山泉，其水经石坝镇城入白塘。此城"高丈余，明季筑城，以铜镇于是处，故名"。半山园旧为白塘，半山有泉蜿蜒而入之，1870 年、1926 年曾两次修亭浚泉，今皆存碑记，但未提及此石坝铜镇。1934 年南京市社会局呈文中提及谢公墩下长溪"明筑城时，作铜沟压城底"，或即此石坝。五是燕子矶。书称燕子矶下有幼稚园及小学。该小学即始建于清末的燕子矶小学，陶行知 1924 年曾在杂志上大赞它是用钱最少的活学校；幼稚园即晓庄师范燕子矶中心幼稚园，是陶行知 1927 年 11 月创办的中国第一所乡村幼稚园。

燕子矶顶有劝诫投江自杀者的“死不得”木牌，一般都认为是陶行知所书所立。书中则记此牌为该村小学校所树，这一说法为过去所不见。又记山半设有燕子书店，也是轶闻。六是南汤山温泉。该处温泉在民国时即闻名全国，其有规模地开发始自1919年，除了原有的汤王庙公共浴池，先后又增设了陶席三的陶庐和军政部的汤山俱乐部。书中对此记载虽然简略，但记述较早，且内容可补其他同类民国文献及数年后始成书的《南汤山志》之所缺。七是秦淮妓业的盛衰。新成立的市政府为建设男女平等的现代首善之区，于1928年7月决定废娼。据书中所载，当时以风月著称的秦淮盛景已成前朝往事，故作者多以“旧”、“前”称之。如东西钓鱼巷为“旧妓院集中之处”；画舫（又名茶舫）“前有校书坐唱京剧”，此校书即歌妓之雅称；花舫“约达二百只上下，船上可以吃酒，奕棋，打牌，唤妓，实为从前一种娱乐之场所”；秦淮“河之两旁，在革军未抵此间时，自文德桥直达利涉桥，几皆为歌妓神女藏居之所”。这些记述反映民国北京政府时期秦淮妓业的盛况。八是兼记一些寺观所祀神佛。如记紫霞洞小庙祀老君、吕祖、刘基、观音，记永济寺、观音寺皆祀观音、文殊、普贤，记头台洞祀释迦、二台洞祀吕祖、三台洞祀观音、最上层洞祀老君，其中一些内容或可补史之厥。此外，还有九华山阴因采石筑路而被凿成倒壁，鸡笼山鸣放子午炮以校准时刻（同时期的其他旅游书有称之为“午炮”者，指午时施放），朝天宫驻有警署、党部等有价值的史料散落文中，有心者可以细检。

由于两位作者都是外地来宁游学、任职者，对南京史地、文化了解有限，而且编撰仓促，因此书中也难免有些常识性错误。以下试举一二：第五章《清凉山》在介绍翠微亭遗址时，引用诗句“亭上江干寺，清凉更翠微”（见原书二三页）。其中“上”为“在”之误，特别是编著者将其说成是杜甫诗句，其实这两句出自北宋诗人林逋的《翠微亭》。如果说这是编校不细，情有可原，其后之误实在离奇。同章扫叶楼一节，称楼中有“扫叶山房”扁额，还说是史可法所书（见原书二四页）。扫叶山房是创设于明代万历年间的著名书坊，在苏州阊门内，清末以后发展到上海、汉口，但从未在南京设肆。清初所建的扫叶楼也没有扫叶山房之别称，楼内当然不会有此扁额，更说不上能有明末的史可法题匾。第十章《牛首山》末附杨乐闵《牛头山》一诗（见原书四〇页）。诗云：“千盘出剑阁，万仞上牛头。岭势云中见，江声地底流。”此景实际是描绘四川广元牛头山，而非南京牛首山。第十五章《玄武湖》记述五洲改名，称老洲改亚洲，新洲改美洲，长洲改非洲，趾洲改欧洲，麟洲改澳洲。前四个所记皆错，老、新、长、趾四洲应该是分别改为美、欧、亚、非四洲。此外，该书前后体例有不一之处，又校雠不精，屡有别字。原书目录中“朝天宫”“栖霞寺”后括注“有影片”（即照片），但正文中却漏配；岩山十二洞配有照片，目录中又未说明。当然，虽有种种错误，但瑕不掩瑜，该书对于了解和研究近百年前的南京仍是弥足珍贵的史料文献。

“南京稀见文献丛刊”收录的《新都胜迹考》是以南京图书馆藏民国十八年五月二十日(1929年5月20日)上海新建设书店发行的初版为底本,校订文字,并以页下注形式出了校记。原书标点不合理之处重新点断,不合现行规范者直接修改,不再一一说明。

邓　攀

2014年6月

總理遺像

首都各界總理逝世三週年紀念大會印贈

遗嘱全文

余致力国民革命,凡四十年,其目的在求中国之自由平等。积四十年之经验,深知欲达到此目的,必须唤起民众,及联合世界上以平等待我之民族,共同奋斗。

现在革命尚未成功,凡我同志,务须依照余所著《建国方略》《建国大纲》《三民主义》及《第一次全国代表大会宣言》,继续努力,以求贯澈[①]。最近主张开国民会议及废除不平等条约,尤须于最短期间促其实现。是所至嘱!

孙　文

① 澈:同"彻"。

叙

我国旧都，多在西北，居高临下，治者便之。故西安、洛阳、开封、北平，莫不有遗迹胜境，为士民所览阅而凭吊。其居金陵而控制全国者，则仅有明初叶数十寒暑。前此皆半壁偏安，而不暇为大规模之建置者也。顾其山川之明秀，物产之丰饶，人文之进展，又实驾西北诸都而上之。是故六朝以来帝后卿相之所营造，英雄贤哲之所经历，以及佳人、才士、方伎、缁流之所游咏，苟有一名一物流传至今，信而有征，孰非吾人所愿见愿闻者乎？迩者中央政府迁移是邦，宅为首都，士女工商于焉会萃，选胜探奇类有同情。徒以近数十年兵燹，屡经陵谷变迁，名称殊异，往往有求之而不能得，或得之而不能尽者。此则一般游客所引为遗憾，而无可如何者也。周子树美留学东洋，毕业回国，历游粤楚。今来首都，供职部曹，汤沐之暇辄游名胜，复取载籍旁稽博考，举所见闻详为笔录，单写事迹不假辞费，新都胜迹于焉备载。今兹总理奉安为期已近，中外人士观礼者多。倘获是编一详读之，则感已往之兴废，思将来之建设，其爱护首都企向民政之心，必有油然勃然而不能自己[①]者，宁惟游览景物之南针已哉？爰书数语，促其付梓，以公同好焉。

纪元十八年五月平度侯述先谨识

① 己：当为“已”。

目　录

一　新都沿革概略

考江宁，在《禹贡》扬州之域，建都自东吴始。后汉建安年间，孙权徙治秣陵，城石头，旋改秣陵为建业。孙皓时，晋王濬以舟师入石头，遂降。石头者，城基之巨石，即今清凉门一带（注一），因石筑城，后人乃以命有诗云名[①]："建业[②]徙治已成城，石壁曾经几战争。"其军事上之重要，于此可征。晋称建康。南渡后因都之，地号佳丽，文彩焕发。更城白下（注二），胥为兴亡之关键。南唐、南宋，均称金陵而都焉。然皆河山半壁，偏安一隅。

及明，金瓯无缺，始都南京，取名应天。其时宫阙巍峨，城市繁盛，文物远胜六朝。益以寺观苑囿，瑰丽幽雅，山环水抱，虎踞龙蟠，洵乃江南形胜之地也。成祖北迁，风物无改。惜乎万历以后，宦寺朋党，交相构陷。门户日分，赋敛日繁。人心丧亡，遂尔不保！

后百有余年，太平天国崛兴，光复旧物。江南黄胄，复观汉官威仪。不幸仍以内讧而为曾国藩所陷！民元光复，孙大总统于焉就职，旋遭篡窃，举国失望。今则再度建国，首都奠定，百度维新，顿易旧观。虽明代故宫（注三），依然荒芜。斜阳衰草，感慨尤深！但积极建设，努力孟晋，俟之数年，不难完成庄严灿

① 命有诗云名：当为"命名，有诗云"。

② 建业：为"建安"之误。此句引自清高宗弘历南巡江宁所作的《石头城》诗。

烂之国都!

附注:

(一)清凉门,草场门,定淮门,今已闭塞。

(二)《方舆纪要》[①]:白下城,在上元县北十二里;古之白石垒也。

(三)明代故宫:在中山(旧为朝阳)门内;东至东安门,西至西安门[②],北至厚载门,南至午朝门[③]。民元光复时,毁于兵。今所存者,唯午朝门及东安、西安之二门洞。门楼已毁,宫墙砖瓦,拆毁无遗。紫禁城护城河内,尚有荷花,但无砖石。宫城内外皆禾稼。田陇间,残砖败瓦,堆积成界。故老耆旧,回想亡国之痛,当起麦莠[④]黍离之感!午朝门北,有五龙桥,尚未全毁。桥北今建古物保存所,陈列画像、古器等物;其他,则方正学先生碧血所溅之血迹碑,犹有缕缕之血痕也!

---

① 即顾祖禹所撰《读史方舆纪要》,下同不注。

② 东安门、西安门:实为东华门、西华门。

③ 午朝门:为"午门"之讹称。

④ 麦莠:为"麦秀"之误。

二　钟　山

山在中山门(原朝阳门)外。东连青龙山;西接青溪;南有钟浦,下入秦淮;北接雉亭山。诸葛武侯所云“钟山龙蟠”者也。清高宗诗有云:“建业名山东北隅,压城用武古常趋。”因汉秣陵尉蒋子文死事于此,一称蒋山。元时①,山上云②有紫云缭绕,又名紫金山。其西峰之顶,曰天堡城,曾建炮台。辛亥革命,浙军攻取南京,以夺天堡城之功为最伟,故筑纪功塔于此。

天堡城之东南,为太平天国时向忠武③屯兵处,有明孝陵。陵前,林木蔚茂,翁仲石兽,罗列环拱,以十数计。入门,清圣祖御笔石碑,刻“治隆唐宋”四大字;北上为飨殿,供明太祖遗像;殿后有祭坛,高五丈余;由飨殿后穿隧道,登坛顶,极目西南,全城在望。坛后,土石成山,松柏参天,即明祖与马后合葬处。清初毁于兵,经修筑后,稍复旧观,第已非当时之规模。顾亭林《题孝陵图》云:

钟山白草枯,冬月蒸宿雾。
十里无立榴④,冈阜但回互。
宝城独青青,日色上霜露。
殿门达明楼,周遭尚完固。

---

① 元时:当作“晋时”。
② 云:当作衍字。
③ 向忠武:即清江南大营统帅向荣,追谥忠武。
④ 榴:当作“椔”。

金陵名胜　明孝陵

其外有穹碑，巍然当御路。

文自成祖为，千年系明祚。

侍卫八石人，祇肃候灵辂。

下列石兽六，森然象卤簿。

自马至狮子，两两相比附。

中间特崒嵂，有二擎天柱。

排列[①]榛莽[②]中，凡此皆尚具。

又有神烈山，世宗所封树。

卧碑自崇祯，禁约烦圣谕。

石大故不毁，文字犹可句。

至于土木工，俱已亡其素。

东陵在殿左，先时懿文祔。

① 列：当作“立”。

② 莽：当作“莽”。

云有殿二层，去门可百步。
正殿门有五，天子升自阼。
门内庑三十，左右以次布。
门外设两厨，右殿上所驻。
祠署并宫监，羊房暨酒库。
以至各廨宇，并及诸宅务。
东西二红门，四十五巡铺。
一一费搜寻，涉目仍迷瞀。
山后更萧条，兵牧所屯聚。
洞然见铭石，崩出常王墓。
何代无厄菑，神圣莫能度。
幸兹寝园存，皇天永呵护。
奄人宿其中，无乃致亵污。
陵卫多官军，残毁法不捕。
伐木复撤亭，上触天地怒。
雷震樵夫死，梁压陵贼仆。
乃信高庙灵，却立生畏怖。
若夫本卫官，衣食久遗蠹。
及今尽流冗，存两千百户。
下国有虮臣，一年再奔赴。
低徊持寸管，能作西京赋。
尚虑耳目偏，流传有错误。
相逢虞子大，独记陵木数。
未得对东巡，空山论掌故。

当初景象，可于此诗想像之。

其北有一人泉，仅容一勺，挹之靡竭。王荆公诗：“森疏五愿木，骞[1]浅一人泉。”即此也。泉西为黑龙潭。山腰有紫霞洞，原名朱湖洞，道书第三十一洞天也。仅一小庙，祀老君、吕祖、刘基、观音。庙右有古说法洞，无足观。庙前有照壁，额刻“六朝胜境”四字，临山麓下。洞上原有清泉，从山涧下流，终日不绝，若瀑布然。下为悟真庵，庵西有两翁洞，庵后八功德水出焉。梅挚记：钟山之阳，有泉曰八功德。梁天监中，胡僧昙隐飞锡，寓止修行。有庞[2]眉叟谓曰：“予山龙也，知师渴饮，措之何难。”人与口灭，一沼沸成。厥后西僧继至云：“本域八池，一已智矣。”其水：一清，二冷，三香，四柔，五甘，六净，七不饐，八蠲疴。水旱若初，澄挠一色，为钟山第一灵迹。《应天府志》：“洪武间移寺东麓，旧池就涸，从寺东马鞍山下流出。”即今灵谷寺后泉也。

灵谷寺，本太平兴国寺，旧在孝陵地址，因明祖生前酷爱是处，遂建孝陵而移寺于今域。当孙中山先生陵墓之东。葱蔚深秀，中宏外拱。山门书“第一禅林”。入门行万松中，苍髯翠甲，拏攫夭矫，如此五里，方达梵舍，世所称“灵谷深松”是也。有放生池，植荷其内，或曰万工池。相传凿池时，曾役万夫，故名。祀志公。其后累甓空构，自基及巅，都无寸木，名曰无量。俗以其宋桷弗施，呼为无梁矣。右为钟楼，左为说法台。

寺之东南亦有八功德水。以竹为笕，引水入寺，更曰竹递

① 骞：当作“蹇”。

② 庞：也作“厖”，用法相同。

泉。其东有梅花坞，灵芬艳香，当春竞融。

寺后原有宝公塔，高五级，为志公藏骨地。乱后塔毁，覆以亭。今亭与残骸俱杳矣（参阅鸡鸣寺志公台）。胡玉崐[①]《游灵谷寺》云诗[②]：

游人税驾始容登，五里森森千万层。
林外草香初见鹿，涧边云至几疑僧。
谁来共话齐梁事，极望当年风雨陵。
无数松涛争作向，护持真藉梵王灯。

半山寺，由中山门至蒋山（注一），此为半道，王荆公故宅也。寺前为半山园，荆公示蔡启天[③]诗："今年钟山南，随分作园囿。"即此。寺后，公墓在焉。

寺东，里许，有石阜隆起，称谢公墩。一亭矗立其上，传为谢太傅围棋处。太白诗云："冶城访古迹，犹有谢安墩。凭览周地险，高标绝人喧。想像东山姿，缅怀右军言。"低徊吟味，不禁心焉向往。附近有半山泉，过石坝镇城，蜿蜒曲折而入白塘。石坝镇城，高丈余，明季筑城，以铜镇于是处，故名。相望有东冶亭址，为六朝三吴士大夫饯送之所。荆公诗："遥望钟山岑，知是冶亭路。"[④]谓东冶亭也。博望苑，今废，旧址在半山寺后。

---

① 胡玉崐：当为"胡玉昆"，江宁人，明末清初画家。

② 云诗：当作"诗云"。

③ 蔡启天：当为"蔡卞"（字元度）之误。此诗题为《示元度》。

④ 据《资治通鉴》胡三省注，"知是冶亭路"当作"因知冶城路"。又据《临川先生文集》，诗句出自《乙巳九月登冶城作》，其中"遥望"作"欲望"。

沈约《郊居赋》:“睇东巘以极[1]目,心凄怆而不怡。昔储皇之旧苑(注二),实博望之余基。”即此。旁为沈约宅之旧址。

山之南麓,曰孙陵。上有步夫人墩,宣明太子亦葬此。东北曰白土冈,贺若弼擒萧摩诃处也(注三)。《图经》云:土色白,故名。西北麓曰龙尾,历代战争之所。自山址筑道,坡陀以登山,曰龙广山(注四)。有崇圣祠,明崇祯中,阉人于周服建。门额四大字,曰“道德忠镜”。有熊昌遇[2]、冯元飙二碑。

明孝陵之东,中茅山南坡,有空前之纪念建筑,即中华民国开国大总统孙中山先生之陵墓也。其全部范界,成一大钟形。由陵门上广原(此时华表未树),而登石级,约四百余级,始登平台。台宽约百尺,长约四百尺,两端立石柱各一。台之中,即祭堂;堂之内,两旁有黑石柱各二,大可合抱。堂顶穹窿,上以磁砌饰青天白日;地面则铺红色炼砖,盖满地红之征象[3]也。闻堂内将立大石坐像。堂之四壁,都由意太利[4]石制成,上刻中山先生遗嘱及《建国大纲》等文,均为中山先生亲书用摄影机放大者;四角有小室,内藏纪念品物;后壁中间,辟墓门,上镌“浩气长存”四字(原为孙先生手题广州黄花岗七十二烈士公墓大字之缩影),前立墓碑。门作双重,自祭堂入门,升级而达机关门,入墓室。室圆形。穹窿顶亦以磁砌饰青天白日,中安置石椁,绕有石栏,祭者可在此瞻仰。墓之外部,仅露圆顶,依山而立。堂之屋顶,

---

① 极:当作“流”。

② 熊昌遇:疑为“熊明遇”。熊明遇(1580—1650),明崇祯时曾任南京兵部尚书。

③ 征象:当作“象征”。

④ 意太利:今译意大利。

铺绿磁瓦，飞檐搏风，气象雄壮。墓之四周，皆植树苗。他日成林，非但故国乔木之比。由平台遐瞩：前可睇方山，东可望紫霞，西可窥灵谷，冈峦环抱，形势天成，宜乎伟人之永眠其间也。

由钟山入城而右，曰覆舟山。北临玄武湖，状如覆舟，故名。与钟山形断脉连，东为富贵山。烽火所及，并为要隘。西有药园垒遗址（注五）。宋元嘉中，以其地为北苑，更造楼观于山后，名乐游苑。苑蔚宗赋许①：“兰池清夏气，修帐含秋阴。遵渚攀蒙密，随山上岖嵚。”孝武大明中，造正阳、林光殿于内。侯景之乱，焚毁无遗。今则都人采石筑路，山之阴已凿成倒壁矣。

附注：

（一）半山寺：原在城外，明初筑城，割入禁苑，故今在城内。

（二）博望苑：为沓②文惠太子所立。

① 苑蔚宗赋许：当为“范蔚宗赋诗”。范蔚宗，即范晔。此诗句出自《乐游苑禊饮》。

② 沓：当作“齐”。

(三)贺若弼:隋时名将。萧摩诃,陈兰陵人,亦善战。

(四)龙广山:今无其处,就方向按之,富贵山也。

(五)药园垒:刘裕筑以拒卢循者也。裕征南燕。循闻建业空虚,自南海帅寇至。裕急归,歼之。(《宋书》)

附:孙中山先生事迹

(一)民国元年二月十五日,孙中山先生亲往孝陵致祭。其祭文有"实维我高皇帝,光复大义,有以牖启后人,成兹鸿业"等语。

(二)孙中山先生在开国总统任内,曾与参军某游览钟山,甚爱其形胜。当语某参军云:"安得结庐此地,以息余年。"某参军当谓:"总统如有所欲,安得不遂。"先生谓:"我身安有休息之时,候他日逝世,当向国民乞此一坏[1]土,以安置躯壳耳!"(见《孙中山轶事集》)

本章附诗

苏子瞻《同王胜之游蒋山》

到郡席不暖,居民空惘然。好山无十里,遗恨恐他年。欲款南朝寺,同登北郭船。朱门收画戟指荆公宅,绀宇出青莲荆公舍宅为寺。夹路苍髯古,迎人翠麓偏。龙腰蟠故国,乌爪寄曾[2]巅山有爪鸟峰志公生处。竹杪飞华屋,松根泫细泉。峰多巧障日,江远欲浮天。略约[3]横秋水略约横木桥也,浮屠插暮烟。归来踏人影,云细月娟娟。

---

① 坏:当为"抔"。

② 曾:当为"层"。

③ 约:当为"彴"。下同,不注。

王荆公《和子瞻同王胜之游蒋山》

金陵限南北，形势岂其然？
楚役六千里，阵[①]亡三百年。
江山空幕府，风月自舭船。
主送悲凉岸，妃埋想故莲。
台倾凤久去，城踞虎争偏。
司马壖庙域，独龙层塔颠。
森疏五愿木，骞[②]浅一人泉。
棁杖穷诸岭，蓝[③]舆罢半天。
朱门园绿[④]水，碧瓦第青烟。
墨客真能赋，留竹诗野娟[⑤]。

明太祖《游钟山》[⑥]

暑往钟山阿，岩幽清兴多。
薰风自南发，森松鸣弦歌。

① 阵：当为“陈”。
② 骞：当为“蹇”。
③ 蓝：当为“篮”。
④ 绿：当为“渌”。
⑤ 此句当为“留诗野竹娟”。
⑥ 此诗为节选，诗题为“《钟山》(之二)”，而非“《游钟山》”。

三　鸡笼山[①]

山在覆舟山之西，状如鸡笼，因名。宋元嘉中，黑龙屡见玄武湖，此山正临湖上，改曰龙山。齐武帝射雉于钟山，至此闻鸡鸣，故亦称鸡鸣埭矣。宋有儒学馆，文帝立以居庐山处士雷次宗者。齐竟陵王子良开西邸，延才俊，亦置士林馆于此。明建天文台于其巅，又曰钦天山。今之国立中央大学立于山下。辛亥革命，张勋凭藉此处与民军对抗，后浙军夺天堡城，勋始仓皇弃甲而遁。由半山坡坨[②]直上，峻宇矗立，原为北极阁，今改为中央气象研究所。前有御碑亭，今废。登临四顾，全城在望。台左有无线电台。前置子午炮于此，为宁垣时刻之标准。山下火车道旁有九眼井一，终年不涸，谓即鸡鸣山泉也。其北，地土沃衍，居民向以蓺菊为业。尔时晴秋极目，千畦万圃，烂若摛绣。今则相率改业，野草丛生。徐夔《登北极阁》诗云：

杰阁高空近玉京，凭栏一望起秋声。
龙蟠虎踞兴王地，白石清江过客情。
岂有占星周内史，更无绵蕝鲁诸生。
由来陵谷随时异，满目寒云下古城。

---

① 鸡笼山：原书误作“笼鸡山”。
② 坡坨：当为“坡陀”。

读之不胜兴亡之感。

其东有鸡鸣寺。本梁同泰寺故址；宋为法宝寺；明洪武二十年改建，名曰鸡鸣。迁灵谷宝公函瘗于此。宋时有塔五级，[①]今圮。相传地为古战场，元时刑人于此，尝有鬼魅祟人；洪武初，敕迎西番僧，结坛施食，以度幽冥；即今寺前志公台处。俗谓志公在此说法，盖因是而误传耳。寺后有阁，南唐涵虚阁也。旁阁[②]有楼，旧为凭墅处，清末改为豁蒙楼。东为景阳楼。凭窗眺览，东紫金，西石头，山色苍翠；俯观玄武名湖，水光潋滟，洲岛历历；每当夏秋之交，荷花万顷，红碧倾堕，如汉宫晚妆，尤为佳绝。清高宗诗：

鸡鸣山上阁，骋望信怡如。
北挹渺烟水，南临富井闾。
画情八窗纳，春意百花舒。
慢问六朝事，还同赋子虚。

景阳楼下有胭脂井，陈时景阳宫井也。初名景阳井，以其石栏有脉，雨后以帛拭之，作胭脂色，后人遂易今称。《隋书》[③]：陈后主叔宝，不虞外难，荒于酒色。左右嬖佞珥貂者五十人，妇人美服丽貌巧态以从者千余人。常使张贵妃（丽华）、孔贵人等八人夹坐，江总、孔范等十人预宴，号曰狎客。先令八美襞采笺

① 鸡鸣寺五级塔是为供奉宝公法函而建，故“宋时”为“明时”之误，或为衍字。

② 旁阁：当为“阁旁”。

③ 据引文内容，当出《南史·陈本纪下》。

制五言，十客一时继和，迟则罚酒，君臣酣饮，从夕达旦，以此为常。……其后韩擒虎已引兵自南掖门入。侍臣劝坐殿上，正色以待之。后主曰："锋刃之下，未可交当。吾自有计。"乃逃于井。……军人不见后主，窥井呼之，不应，欲下石，乃闻叫声。以绳引之，惊其太重。及出，乃与张贵妃、孔贵人同乘而上。被辱，故此井又名辱井。罗隐诗云：

水国春常在，台城夜未寒。
丽华承宠渥，江令捧杯槃。
宴罢明堂烂，诗成宝炬残。
兵来吾有计，金井玉勾栏。

台城者，本吴后苑城，晋时修之，筑建康宫。时称朝廷禁省曰台，故谓台城。城周约百里[①]。侯景之乱，梁武不振，饿死于此。清高宗有诗云："舍身同泰无回志，揖盗东华可悔心！"词至痛切。及陈后主亡，宫毁，仅剩台城一段，蔓草荒烟，徒资后人凭吊。杨试昕诗云：

萧梁台榭暮烟空，衰草苍凉剩梵宫。
佛力未起尘劫外，饥魂犹恋磬声中。
空阶狐拜孤城月，古殿鸟啼万木风。
销尽雄图湖水冷，扁舟泛泛羡渔翁。

---

① 据《建康实录》注引《图经》，台城周长八里。

又罗昭谏诗：

晚云阴映下空城，六代累累夕照明。
玉井已乾龙不起，金瓯虽破虎曾争。
亦知霸世才难得，却是蒙尘事最平。
深谷作陵山作海，茂弘流涕[①]莫伤情。

又刘梦得诗：

台城六代竞豪华，结绮临春事最奢。
万户千门成野草，只缘一曲后庭花。

附注：

（一）雷次宗，南昌人。少入庐山，笃志好学，不交世务。元嘉时，征次宗至，开馆于鸡笼山，教授生徒百余人。车驾数幸学馆，资给甚厚。除给事中，不就。久之，还庐山，公卿并设祖道。后复征诣京师，为筑舍于钟山西岩下，名招隐馆。使为皇太子诸王讲《丧服经》。卒于钟山。

① 涕：当为“辈”。

四 狮子山

狮子山，原为虏龙山①，明初改名。太祖克陈友谅，亲树旌麾督战，即此。奠都后，欲于山岭建阅江楼，不果。有平砥，其故址也。

山在兴中门(前为仪凤门)内。苍玉玉立，林樾蔽天，有建瓴之势。今建有炮台，闲人不得登。下关东西二炮台，与此互相策应，为金陵之门户。

山下有静海寺，明永乐中建。以海外平服，故名。寺中有危石，磊砢特起，崖穴相贯。虞允文尝三宿其下，上有宋人题名石刻，世相传为三宿岩。

① 虏龙山：当作"卢龙山"。

五　石头山（即清凉山）

自江北而来，山皆无石，此山始有，故名。吴时，悉土坞。晋加砖垒甓，因山为城，因江为池，地形险固，尤有奇势。六朝以还，倚为重镇，常以亲近重臣，领戌[①]驻守；南北战役，胜负取决焉。然南朝诸氏，虽有此天险，而均享祚不久，此殆孟子所谓“地利不如人和”欤？清高嘲[②]故嘲之云：“石城倚壁复临江，地利诚云险绝双。何事南朝诸帝王，竖幡每见举宗降？”后之人知所警惕矣。武后光宅中，徐敬业举兵，使其徒崔洪渡江守石头。建中四年，朱泚作乱，江东观察使韩滉，筑石头五城。盖当日江流迫城，为金陵必争之地。自江渐西徙，而石城故基，又为杨吴稍迁近南，于是山为城隐，无复当年之雄矣。南唐建清凉寺于山半，为避暑宫，始以寺名名山。山之麓，有方亭，盖纪念方问亭先生而筑也。先生少时侨寓清凉山寺（注一），后治河有功，人不能忘。旧志：山之南，有入汉楼。西南有烽火楼，吴时举烽火处。苏峻之乱，陶侃、温峤入讨，峻登此楼瞭望，见士众之盛，有惧色。北有招提寺，王僧辩与侯景交战之处也（注二）。均圮。西北有韩擒虎垒（注三）。西面又有三山亭：面对三山，北有后冈，为袁颉葬骨处。三山者，突兀江边之三峰，太白所谓“半落青天外”者也。今依然若昔，亭则不存。

---

① 戌：当为“戍”。

② 嘲：当为“宗”。

清凉寺，旧在幕府山，南唐建清凉道场，徙此；明初改今称。洪杨之役已毁，遗址亦不尽可按。寺后原有暑风亭。其东有一拂祠，祀郑介夫先生。《宋史·郑侠[①]传》：侠字介夫，随父郑翚[②]江宁监税，得清凉一小间，闭户读书。后人景仰清节，祠祀兹山，颜曰“一拂”。南有耿公祠，即崇正书院地也。祀明督学御史耿定向。旧有坊额曰“耿天台先生讲学处”（注四）。

山之巅，原有翠微亭，南唐清凉台故址，云系昔之暑风，今仅存其平砥之遗址。地势回旷，堪骋遐瞩。城闉烟树，幂历万家。城外江光一线，沙鸟帆风[③]，隐隐可辨。江北诸山，拱若屏障。辛亥之役，废翠微而建炮台，今并炮台而无之。杜甫[④]诗云：“亭上[⑤]江干寺，清凉更翠微。”读之能不慨然？下有乌龙潭。旧说晋时有乌龙见。唐颜鲁公置放生池于此。上有庵以祀鲁公，亦名放生庵。潭西有驻马坡。《建康志》：诸葛亮尝驻此以观形势。山深境僻，幽人所聚。园林之胜，后先相望。龚氏半亩园、宫氏园，其最也。旁为古林庵，冈峦环抱，树木蓊蔚，晚来白鹭群集，风吭雪羽，屏绝尘俗。又有归草云堂[⑥]，明末黄山孙鼎隐此（注五），书“盘谷”二字，丛桂甚茂。梅曾亮有记。今并废。

---

① 郑侠：原书误作“赴侠”。

② 郑翚：原书误作“翚郑”。

③ 帆风：当为“风帆”。

④ 杜甫：当为“林逋”。

⑤ 上：当为“在”。

⑥ 归草云堂：当为“归云草堂”。

金陵名胜　扫叶楼

旧日东北高冈上有云巢庵，相传为地藏王肉身坐禅处。每年七月，来膜拜者，络绎不绝。后人诗："禅枝笼宇拂新叶，慧草当阶发古香。左寺右江都入揽，不堪前代谕兴亡。"或即此也。南有善庆寺，内有楼，名扫叶，有史可法书"扫叶山房"扁额，[①]半亩园之遗址也。清初龚半千托迹为僧，绘一阇黎持帚作扫叶状，居此，故以名楼。楼上悬扫叶僧遗像，凭栏远瞩，野色烟光，清标独占。前有书楼，今已杳空。后人有诗云："清凉寺里望书楼，拥帚遗画万古秋。"[②]盖咏此也。

① 史可法题额事有误，详见本书《导读》。

② 此诗句出自清高宗弘历《寄题扫叶楼，再迭旧作韵》。"遗画"当作"遗风"。

山有九华寺，为清朝建筑。其东有小仓山，俯瞰金陵女子大学，西南莫愁湖在望。东有随园遗址，袁子才先生侨寓于此二十年。当日因山筑基，引流为沼，莳花种竹，饶有古趣。内有香雪海，因树为屋，乾嘉诸老，觞咏其间，极盛。今则一片荒凉矣。

乌龙潭，作椭圆形，中有宛在亭，六角形，凡两层，登高远望，足涤尘襟。潭侧有曾、沈二公祠及驻马坡、浙江烈士祠；西北为省立第一图书馆，卷秩浩繁，琳琅满室。龙蟠里内，又有薛庐，即薛时雨主讲之所，结构清雅。

杜旟《石头城》词

江山如此，是天开万古，东南王气。一自髯孙横短策，坐使英雄鹊起。玉树声销，金莲影散，多少伤心事。千年辽鹤，并疑城郭非是。

当日万驷云屯，潮生潮落处，石头孤峙。人笑褚渊今齿冷，只有袁公不死。斜日荒烟，神州何在，欲堕新亭泪。元龙老矣，世间何恨[①]余子。

罗隐《春日登上元石头城》

万里伤心极目春，东南王气只逡巡。
野花相笑落满地，山鸟自怜[②]啼傍人。
谩道城池须险阻，可知豪杰亦埃尘。
太平寺主唯轻薄，却把三公与贼臣。

---

① 恨：当为“限”。
② 怜：当为“惊”。

附诗[①]**：**

（一）方问亭：名观承，字宜田，问亭其号也。皖桐城人，居江宁。祖父均贵官，后遭谴谪。先生少时侨寓清凉山寺。寺僧海岳，善遇之。勤学问，励志气，受满人福彭之知，累官至直隶总督。乾隆年间，有治河大功。卒谥敏恪公[②]。

（二）侯景由魏请附梁，武帝封为河南王，后举兵反，篡梁自立，称汉帝；陈霸先[③]与王僧辩[④]讨平之。

（三）韩擒虎与贺若弼同为隋之大将。

（四）耿定向：黄安人，字在伦，嘉靖进士。擢御史。出按甘肃，举劾无所私。万历中累官户部尚书，立朝有时望。张居正夺情，定向誉为伊尹，而贬言者；时议訾之，告归。居天台山。其学本王守仁，诲迪后进。有《耿子庸言》《硕辅宝鉴》《耿天台文集》传世。

（五）孙鼎：庐陵人，字宜铉。由乡举为松江府教授，以孝弟立教。正统间荐擢御史，督南畿学政，教士务先德行，请托者无所措手。后以亲老致仕。与吉水刘观、李中齐名，有吉水三先生之目。

---

① 附诗：当为“附注”。

② 公：当为衍字

③ 陈霸先：原书误为“陈羁先”。

④ 王僧辩：原书误为“王僧辨”。

六　冶　山

山在清凉山之东南，吴为冶城，相传为吴王铸剑之所，旧有郭文举读书台。《金陵故事》：郭文，字文举。王导筑台于冶城以处之。文举尝手探虎绠[①]，导问之。文举曰："人无杀兽之心，兽无害人之意。"宋时名天庆观，元改元妙观。明更修，取名朝天宫，有习仪亭，百官庶府习大朝贺仪于此。又有东麓亭、西山道院、万岁亭等，清并改为府学文庙。今仍旧称，有警署党部住内，隆栋飞薨[②]，高基层檐，不减雄壮气象。西有卞忠贞墓，苏峻之乱，卞壸[③]巷战死，实葬此，二子从焉。《寰宇记》：晋安帝末，盗开卞壸墓，剖棺略之；尸僵，须发苍白，面如生，两手拳，爪甲透出手背。墓前，有全节坊，又祠宇数楹，东北有忠孝亭，取父忠子孝之义，今废。

附注：

晋成帝时，苏峻为历阳内史，有锐卒万人，蓄异谋。庾亮[④]召为大司农，不应，举兵反。温峤、庾亮、陶侃共讨之。卞壸与庾亮同心辅政，及苏峻乱，扶疾与战，不克而死。

---

① 绠：当为"骾"。

② 薨：当为"甍"。

③ 卞壸：原书误作"卞壶"。下同，径改不注。

④ 庾亮：原书误作"庹亮"。下同，径改不注。

七 燕子矶

出北城神策门(今改和平门)十里左右,至江宁外郭门曰观音。因幕府山为城,无垣。门在山口峻阪上,出入皆须上阪。出门下阪,不半里,即燕子矶村。

村北有山昂然临扬子江上者,即燕子矶,观音山之余支也。矶石突出江上,三面临崖,形如飞燕,故名。矶高十余丈,有石级可登。最高处,有亭。树清高宗碑,镌"燕子矶"三大字。碑阴有诗一首,其词曰:"闻说当年[①]绕江澜,撼地洪涛足下看。却喜涨沙成绿野,烟波[②]耕凿久相安。"均高宗南巡时所书。矶头下临大江支流,势颇嵚巇屹嵫,波涛澎湃,激石作钟磬鸣。登矶俯瞰,胆寒股栗。常有人来此投江。该村小学校,为防患未来起见,特树一木牌,大书"死不得"三字。旧有水云、大观、俯江

① 闻说当年:当为"当年闻说"。

② 波:当为"村"。

诸亭，今废。隔江某山，闻有先日韩世忠帅台所在地。每当白云扫空，晴波漾碧，或则水月皓白，澄江如练，登临旷览，尤能开扩胸襟也。山半曰燕子书店。下有幼稚园及小学，办理称善。秦蕙田咏诗云：

策杖陟层巅，凌虚望远天。
江山自终古，亭榭几经年。
帆影悬残照，渔歌入暮烟。
长吟舒逸兴，风月任无边。

自此西行为永济寺。祀观音、文殊、普贤。有自在天，从洞中欹身而上，有羽化登仙之概。上有铁链数尺，自石隙下垂，相传即刘青田系舟之所。

复前行数百步，为观音寺。亦祀观音、文殊、普贤。依幕府山坡建筑。北瞰大江，南临高山，眺望颇佳。

自此西行里许，为头台洞。祀释迦，有饶舌老妇奉香火。

奇石森然，窍宇透邃，有洞上通崖顶。复前行数百步，为二台洞。祀吕祖，有道士看庙。缘崖结楼，面向巨川。中有一洞，相传可通京口。又西行约半里，至三台洞。有唐吴道子石刻观音像。洞高丈余，宽逾二丈，深约一丈半，祀观音。下有泉，水清见底，可饮，名观音泉。洞左横一木板，立于板上，可瞻仰一线天。右有石级，登岩而仰视之，有天一洞。复有悬崖，缘梯而上，为神仙洞。阶道崎岖。历六折始达其巅。中有玉皇阁，传系洪武初所建；凭栏远眺，江天一色，孤帆远来，隐约可辨。最上层洞，祀老君。危石半空，势若俯坠。再往前行，尚有九洞，皆不足观。总名沿山十二洞。①

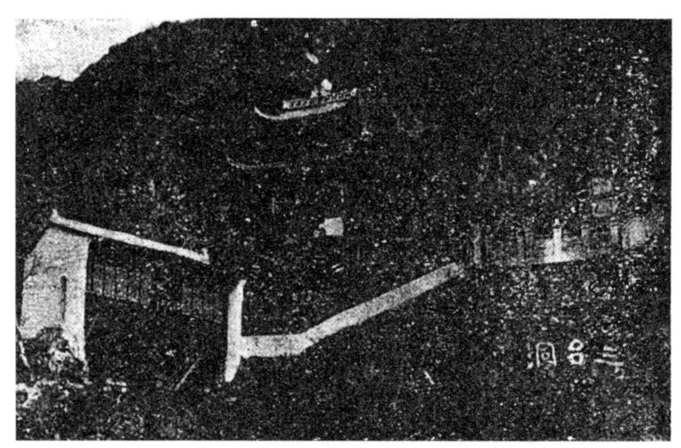

由观音门迤西一带，曰幕府山。昔王导建幕府于此，故名。西北有达摩洞，其前五马渡，晋元帝与彭城王渡江处，所谓“五马渡江，一马化龙”者也。本有亭，今废。西接宝林山，原有宝林寺，梁武帝与宝公同游处。南接铁石冈，原有石佛阁、嘉善

① 沿山十二洞：当为“岩山十二洞”之讹称。

寺。内有苍云崖，石壁如屏，高峙霞表，中坼裂，视天光，仅露一钱。[①] 又有云窍石，竦立如人，众窍纷如，山雨头来，云缕缕出，并为奇景。旁为崇化寺，古高峰院也，有泉沸起水面，如散花，世谓之梅花水。其相连有石灰山，俗曰北固，讹为白骨山，其实古白石也，亦称白下。六朝以来，屡为战争之所。明初陈友谅侵建康，明祖命常遇春伏兵于此。再西为金陵冈，本曰靖安镇，宋岳飞邀败金宗弼之处。相传昔有一碣，文云："不在山前，不在山后，不在山南，不在山北，有人获得，富了一国。"后靖安修道，康庄既启，碣石无征矣。

① 一钱：当为"一线"。

八 栖霞山

山属大茅山脉，在都城东北，火车可达，因寺而名。前曰摄山，山多药草，取可以摄生之意。又以其形似，称伞山。有三峰，中峰屹立，东西拱抱。清高宗南巡，曾五至此，建有行宫，今荡焉无存，偶于丰草间，见石础二三而已。

中峰之麓，栖霞寺在焉。南唐[①]隐士号栖霞，修道于此，故名。右有唐高宗碑，镌擘窠大字，曰“栖霞”。又有亭，纪征君明僧绍也。寺内大石佛像，为僧绍子仲璋所手琢，高约三丈。传佛顶有珠，光彩射人。后坠，置阁藏之，旋为权要取去。寺后有古佛庵。嘉靖中，寺僧掘地得铜像，高二尺许，制度精古，不知何代物，因以名庵。有明祖马后遗像。又有石塔，隋文帝遇异尼，得舍利数百颗，因树焉，镌琢极工。东通无量殿。江总《栖霞寺记》[②]：仲璋感佛顶放光之异，就壁凿龛，啄石为无量寿佛。齐文惠太子、豫章文献王、竟陵文宣王，又宋江夏王霍姬[③]、雍州刺史田奰等，依岩高下深广，就石为像，共成千尊。今谓之千佛岩。上有达摩洞，在绝壁间。

殿之左，有阁翼然，曰紫峰，明觉浪禅师开法于此。其后有泉飞瀑，曰功德。有石，名纱帽，四旁睨之，其状酷肖。清高宗更字“玉冠”，诗云：

---

① 南唐：当为“南齐”。

② 《栖霞寺记》：当为“《摄山栖霞寺碑》”。

③ 霍姬：原书误作“霍姬”。

宇宙以来便有此，秀拔江南鲜伦比。
六朝近始著称物，持以名之岂其理。
彭泽不折五斗腰，科头散发常逍遥。
假使贲然白驹赋，夏收殷冔(注一)或可招。
回峦沓嶂叠崚嶒，我欲易名难揣称。
诗赓老沈(注二)得奇句，神传机辏真绝胜。
僧绍有知应默肯，崔炎何人敢尔能(注三)。

功德泉涓涓下流，经玲峰池而达中峰涧。循涧而上，渡春雨桥，即白鹿泉。旧传山中水竭，居民偶逐白鹿，至此得泉，潴以为池。转折可至明征君隐居之遗址。上为白乳泉、试茶亭，再上为凌虚室，更上则绝顶，为最高峰焉。登临俯瞰，长江如卧蚓，火车若行磐之蚁，八卦洲、黄天荡、划子口等处，野烟隐隐。

峰下迤西，矗石凌虚，为天开岩。有磴数百级，磴尽为台，所谓唐公岩也。北为幽居庵，稍南为霞心庵、万松山房，皆圮。下有巨石，刻“醒石”二字。旁为石屏，禹碑在其阴。碑旧在南岳，明侍郎杨时乔摹刻于此。前为叠浪崖，可望九株松。下则珍珠泉、桃花涧，均清冷。有般若台，明歙处士王寅得《四十二章经》善本，乞诸名士书，各一章，勒石四面。再下则为“彩虹明镜”，在三会殿之西，向有流泉，散漫无所归，乾隆廿二年始凿为池，水从桃花涧下，直喷池内。当夕阳返照，相映成虹，甚可观也。

附注：

（一）夏收殷冔：收为夏之冠名，冔为殷之冠名。

（二）老沈：即沈德潜。

（三）崔炎：即曹操捉刀使见匈奴使者之崔琰也。

唐·李建勋《游栖霞寺》诗

养花天气近平分，瘦马来敲白下门。
晓色未开山意远，春容犹淡月华昏。
琅琊冷落存遗迹，篱落稀疏带旧村。
此地几经人聚散，只今五谢[①]独名存。

顾亭林《摄山》

征君旧宅此山中，山馆孱颜往迹空。
药径春添千嶂雨，松厓夜起六朝风。
忘情鱼鸟天机合，适意川岩物象同。
一入篱门人世别，几人能不拜萧公？

① 五谢：当为"王谢"。

九 南汤山

在城东六十余里。山之东南，汤泉出焉。有源七处，中含钙质，温度四十以上。《寰宇记》："山不甚高，无大林木。汤涧绕其东南，冬夏常热，禽鱼之类，入者辄烂；以煮豆谷，终日不熟；草木濯之，转更鲜茂。"有圣汤寺。《六朝事迹》："唐德宗时，韩晋公滉为浙江观察使，女有恶疾，浴于汤泉，应时而愈，乃以女妆奁建圣汤延祥寺。"[①]今仅剩小庙，甚简陋，俗呼汤王庙。附近有公共浴池，短垣露天，男女各半。

山多白石，晨光残照，相殃[②]磷磷有彩。村人有其佳者，觅碎之出售[③]。近人陶席三筑庐于山下，称陶庐，布置清雅；有汤池二，游人多就兹浴憩。旁有汤山俱乐部，权要栖留之所也。门前有小溪，清冷可爱，而流声之潺湲，倾耳静听，不啻瑶笙矣。

附录：王首公《汤泉》一荆[④]

寒泉诗所咏，独此沸如烝。
一气无冬夏，诸阳自废兴。
人游不附火，虫出亦疑冰。
更忆骊山下，敲[⑤]然雪满塍。

---

① 引文与原文略有出入。
② 殃：当为"映"。
③ 此句当为"村人觅其佳者，碎之出售"。
④ 当为"王荆公《汤泉》一首"。
⑤ 敲：当为"歊"。

十　牛首山

山在城南三十里，即岳飞设伏败宗弼处也（注一）。周围四十七里。高一百四十丈。双峰角立，晋王导指为天阙，亦称天阙山。由山麓起，石磴数百级，俨然梯也，字曰白云。杉桧行列，殊多幽致。上为宏觉寺，唐法融禅师开教于此，谓之牛头宗。有浮图七级。殿宇依山，望之如画。

寺后山巅，有石突出若牛首。石上有二孔，潴水，左为白龟池，右为虎跑泉，均冬夏不涸。其南则芙蓉峰、梅雪岭[①]也。两峰间，有昭明太子饮马池，四时不竭。

下为辟支洞，幽浚磅礴，中锁真隐。相传为辟支佛出所，足迹犹存。洞左修廊短楯，松篁蔽亏，苍翠欲滴。此外尚有锡杖、地涌二泉，在东峰之巅。源流涓涓，四季靡竭，均名胜也。

杨乐闵《牛头山》诗

千盘出剑阁，万仞上牛头。

岭势云中见，江声地底流。

连山风送雨，满谷树生秋。

何处葭城小，深藏大壑舟。

---

① 梅雪岭：当为“雪梅岭”。

于濂《游牛首山》诗

寻幽天阙上，返照石边生。
寺古千松合，山尊众岭平。
隙光悬塔影(注二)，云际走涛声。
细听闲僧话，依依不忍行。

附注：

(一)《宋史》：宗弼趋建康，岳飞设伏于牛头山，败之。

(二)宏觉寺西侧一殿，阖双扉，则阖寺峰影、塔影皆倒影入其中。

十一 雨花台

雨花台，为梁武帝时云广[①]法师谈道处，见雨花之异而名。台久倾，遗址亦不能寻。其所座之山，俗呼聚宝山，在南门外大道东，一小阜耳，高不过数十丈。登临四顾，大江如带，千顷微茫；俯瞰城闉，烟火万家。东北紫金山，西北石头城，龙蟠虎踞，形势甚胜。有炮台据其巅，高屋建瓴，洵长江之要塞也。民元、民十六二役，革命军均先夺此塞，而后领城，可见一斑。

山上有石子冈，产五色石子。游者恒恒[②]之，以供玩好。冈侧，有墓三：曰马回回，曰俞通海，一乃大书"燕贼篡位"之方正学先生墓也。正学尝为《深虑论》，而祸卒发于所虑。后人景崇之，为建专祠于山上，复于最高之小阜，筑一方亭。呜呼！彼固忠于其所事矣。

雨花台

① 云广：当为"云光"。

② 恒：疑为"拾"。

冈下有泉一泓，纤淫缕浸，色味俱绝。居民构肆于其上，泉光反照，一室洞然。明赵谦题“第二泉”匾额，今废，云即水宁泉[①]也。春秋佳赏，游屐杂遝，倾杯解渴，咸称乐焉。

诸廷槐《登雨花台》诗

昔日谈道处，高台空古今。

峰回斜照冷，江入乱云深。

佛火沈萧寺，松花啄暮禽。

景方遗庙在，洒泪一沾襟。

附注：

（一）马回回　《宋濂文集》：明永乐六年秋八月，渤泥国五[②]马合谟沙来朝，率其亲戚、陪臣凡百五十余人至阙下，上表贡方物。上御奉天殿受其献。逾月，王卒于南京会同馆。赐葬石子冈。

（二）俞通海　从明祖征战有功，卒封虢国公。

① 水宁泉：当为“永宁泉”。

② 渤泥国五：当为“浡泥国王”。

十二　莫愁湖

湖在水西门外里许，晋时为南塘，又传为南齐卢女莫愁故居。湖滨有华严庵。庵内筑郁金堂，中悬中山王徐达及莫愁遗像。堂上曰胜棋楼，相传明祖与中山王睹①棋处也。北眺石头，东望钟阜。荷风芦雪，秋夏最胜。道光年间，江水泛溢，地渐荒废。太平天国败后，曾国藩官于此，更加营建，华堂曲槛，大兴土木；逝世之后，邑人乃名其居曰曾公阁，绘像荐芷，比之羊公岘首焉。

其西有粤军烈士墓，乃辛亥光复南京时，岭南健儿会葬之所也。湖山不改，侠骨长存。非但漱流枕石，幽隐所羡，英灵得此，可以瞑②目。九世之仇云何，曾氏有知，应自愧矣。

张澎《莫愁湖》诗

平湖漠漠草萋萋，路近三山入望迷。
酒屿斜通秋水阔，画船轻渡晚烟低。
千年舞袖香何在，十里莲花影不齐。
莫更歌翻新乐府，多愁怕到石城西。

---

① 睹：当为“赌”。
② 暝：当为“瞑”。

崔瑶《莫愁湖雅集》

沆寥天气款湖西，湖涨水西水拍堤。
入座烟光归岛屿，惊人文藻乱花溪。
渚莲萧瑟秋容淡，岸柳扶疏暮霭低。
一带清凉浑似画，惭余挥洒倩君题。

张盖《题莫愁湖水榭》

少妇风流旧有名，将军功在石头城。
可怜湖水无多绿，洗过胭脂洗甲兵。

莫愁湖

十三　韬　园

入通济门不一里，有名园曰韬，今中央大学区立通俗教育馆也。原为蔡和甫侍郎所筑，盖寓“韬晦”之义。自侍郎逝，家渐式微，遂入于宫。前临马路，后旁青溪。桃柳数行，结构幽雅。曩日颇擅胜景，自辟为教育馆后，顿改旧观。一花一木，均以新方法布置之。昔之亭台池榭，或拆或留，全非本来面目。然庐山烟雨原只尔尔。左右旧垣上，有“韬园”二字石刻，犹堪抚摩也。

注：

教育馆内分五部，曰图书，曰科学，曰艺术，曰事务，曰推广；复有音乐亭、民众茶园、医院、学校，等等。办理称善，参观者钟[①]相接。

通俗教育馆

① 钟：当为“踵”。

十四　愚　园

愚园，一名胡园，亦称植物社，胡煦斋太守遗之文郎光国者也。昔为徐锦衣西园，经易主而为吴中丞用光，今则又为胡家所筑。入门，有竹一簇。幽篁嫩筱，可涤尘襟。历曲折房廊，而达正厅。厅三楹，陈设朴素。其后叠石成山，嵌空玲珑。复有亭轩数处。回廊周遭，可还正厅之后。旁曰水石轩，壁悬琴几字画，炉鼎图书，布置清雅；有闰鱼骨，奇物也；小坐其中，悠然意远。其外陈列盆景，护以石栏。栏外方塘，名曰秋水。碧波涟漪，红莲芳馥，微风一过，绿盖红裳，楚楚作媚人态。石栏之西，通一小径。循径而左，则一水榭。右则为菊山。山之巅，有合抱古松，数百年物。松旁古石矗立，望之似老人微步状，传为六朝遗迹。山之阴，竹篱茅舍，鸡犬桑麻，俨然村居风味，曰城市山林。循菊山而南，水中有舟亭，解维而篙，可放乎中流。一园之胜，遂止于斯。

园在聚宝门(今改中华门)内鸣羊街，即昔日凤凰台之旧址也。李青莲《登金陵凤凰台》诗云：

凤凰台上凤凰游，凤去台空江自流。
吴宫花草埋幽径，晋代衣冠成古丘。
三山半落青天外，二水中分白鹭洲。
总为浮云能蔽日，长安不见使人愁。

青莲潇洒出尘，不以利禄自萦；浮云蔽日，亦以长安首都国之存亡所系而兴感欤？

十五　玄武湖

城外东北隅，有湖曰玄武，即今之五洲公园也。宋齐梁陈习水战处。周围四十里，椭圆形。传宋元嘉中，有黑龙见于湖中，因以命名。孝武大明时，大阅水师于此，又有昆明之称。

曩日游湖者，须出太平门，绕道甚远，今则车马可直抵丰润门（今改玄武）。丰润门者，前清江督端方所开，谓以便游人，出门即湖滨，循大埂，蜿蜒屈曲，可抵湖心。

玄武湖之早

湖故有五洲：曰老洲（今为亚洲）①，曰新洲（今改美洲）②，曰长洲（今为非洲）③，曰趾洲（或名后洲，今为欧洲）④，曰麟洲（今

① 当为“美洲”。
② 当为“欧洲”。
③ 当为“亚洲”。
④ 当为“非洲”。

为澳洲）；而以新洲为最大[1]。过湖之西部，可通长洲。自长洲北折，有小径通老洲。由老洲东折，有小径通趾洲。惟麟洲孤立于东南。新洲包围于老洲[2]内，四面皆水，无径可通。

老洲上多竹，多树，中有湖神祠，系昭明太子梁园旧址。祠内有亭曰湖心。亭凡两级，上级可远眺，并设茶座，可以品茗，每当夏日当空，蝉声回响，莲叶斗绿，鲜荷竞红，把茗清谈，兴趣悠然。旁有巍然矗立之西式屋，为陶公亭。八角式，亦端方所建。白垩红砖，与岚色湖光，互相辉映。昔曾附设东南大学所办之昆明小学，教湖民子弟。今已改设五洲公园管理处。吾人试登斯亭而遐瞩，则全湖在望，风景历历，其前雉堞牙撑，遥见一塔高耸，苍古幽蒨，为北极阁。又有圜状若城楼，出没隐现于云表者，为鼓楼冈。湖后为钟山，三面环抱，如大玉玦。天堡城新营旧垒，犹能彷佛见之。山泉下注，潴而为池，此湖之所滥觞也。南起太平，北至神策，汪洋盖千顷焉。

洲中多植物，而以樱桃桑叶为最盛。每当孟夏之月，樱实成熟随地珍珠，琳琅满目，红男绿女游屐蜂拥。惟驾舟游湖者，则以荷花盛开时最多，幽香十里，扁舟轻飏，偶入荷叶深处，恍如身入画图。迨夫落霞当空，晚笛数响，星火点点，出没于苍波翠渚间，尤足涤荡尘襟，兴泉石烟霞之思也。各洲边多杂树芦苇，洲上多草木，为农夫及渔人所居，颇欠清洁。湖水本与护城河通，水大则淤泥随河水入江，故湖心常深，湖水不涸。后因官

---

① 面积最大者当为长洲。

② 当为“长洲”。

府堵塞其口，湖中养鱼，以致淤泥无处宣泄，有损旧日之光景已[①]。

玄武湖之断桥

今市政府欲就五洲自然之美，加以建设，成一最新、最大之公园，故以世界之五洲名之。此后改革成功，形式精神，定能焕然一新。兹就其荦荦大者，撮要述之于后。

一、改良湖洲，增进湖民生活，提倡清洁，整理各洲道路。

二、整理止易园，清除蔓草，搭建芦棚及音乐亭，以备游客休憩听乐啜茗。

三、建筑马路。丰润门外之堤路，为来湖必由之捷径，从前崎岖不平，一遇天雨，泥深没胫，行路维艰䌳[②]，今已修筑平坦，而便游客矣。

四、开放钓鱼，拆却围墙，开辟河路，建筑码头，规定游湖

---

① 已：当作“矣”。

② 䌳：当为衍字。

船价。装设无线电收音机，成立网球场，提倡打靶，陈列动物，组织诗文社等，莫不力求其完备。

五、整理湖神庙，毁其神像，以祛迷信，复设民众俱乐部于该处，以供游客及湖民精神上之娱乐。

六、设立意见箱于城门，征求各方意见，以收集思广益之效，又尝柬速①要人及有志改良玄武湖者，来湖开谈话会，讨论一切改良计划。

七、清理曾公堤。湖之中心有曾公堤，倘能修竣完美，不难与苏白两堤媲美。前以经费支绌，暂从芟除芦苇着手。现以鱼款收入，从事修筑，并加放宽度，加筑桥梁。

八、开辟河路。由美洲至太平门，河路迂曲，开辟直径一条，以利交通。

附录：靳志《题五洲公园》诗一首

两峰三竺似西冷②，水色天光淡不扃。
落景斜侵孤塔白，晴岚浓泼半城青。
秋坟无地埋威斗，梦雨何年隔翠屏。
云气紫霞自终古，龙蟠我欲问山灵。

---

① 柬速：疑为“柬择”。
② 西冷：当为“西泠”。

南唐·李璟《游后湖赏莲花》一首

蓼花蘸水火不灭，水鸟惊鱼银梭投。
满目荷花千万顷，红碧相杂敷清流。
孙武已斩吴宫女，琉璃池上佳人头。

十六　周处台

都城东南武定门内附近，有古寺曰石观音。寺旁有二十年前某官所建之祀宇，其木榜曰“周孝侯读书处”。原名赤石矶，其下石作赤色。即当年周处读书处也。附近居民，至今犹能道之。

注附[①]**：**

《晋史》：周处字子隐，阳羡人。父鲂，吴鄱阳太守。处膂力绝大，不修细行，州里患之。后慨然有改励之志，谓父老曰：“今时和岁丰，诸父老何所苦，而不乐耶？”父老曰：“三害未除，是以不乐。”处曰：“何谓也？”曰：“南山白额猛虎，长桥下蛟，并子为三。”处曰：“若此，吾能除之。”遂入山射杀猛虎，投水搏杀蛟，复入吴寻二陆（陆机、陆云），励志好学。期年，州府交辟，仕吴为东观丞，声名大震。后从夏侯骏西征，死于齐万年之难，元帝谥之孝侯。

---

① 注附：当为“附注”。

十七　刘　园

刘园，一名又来园，在南门外雨花台侧，山水清幽，林木掩映，刘舒亭明府之别墅也。相其林泉，扩为亭榭栖[①]馆，皆就天然之势而构造之。地当南郭里，近长干。有刘公墩，系刘叔亮先生之墓，水色湾还，山形起伏，一望俨若图画。由刘公墩渡山涧入梅林，曰访桥，桥之西有堤横亘，界溪为双。其曲曰罢钓湾，相传皆叔亮先生之遗迹。其溪南则为又来堂，堂之后拓水榭出溪间，环以湖石，掩以文槛，曰凌波仙馆。

溪北为云起楼，缘溪自南而西，曰荼蘼廊。自西而北，曲径通幽曰师竹轩、依竹亭[②]。凡一亭一榭，皆得自然之意。其中器具，又皆以竹为之，陈设古朴，雅而不俗，诚名园也。

---

① 栖：当为“楼”。

② 依竹亭：当为“倚竹亭”。

十八　鼓楼公园

园在唱经楼、黄泥岗东，园之中央为钟鼓楼。楼系明洪武十五年建，上有大鼓二面，小鼓二十四面，云板一面，点钟一面，牙杖四面，壶房铜钉一坐[①]，三眼画角二十四板，为接王选妃迎送诏书等用。鼓今亡，尚有清圣祖戒碑，高二丈余，下有赑屃[②]驮之，大如屋，又曰碑楼。其创为公园，系自齐燮元督苏时始。园之四围，园[③]成马路，为城内交通之孔道（城内轻便小火车及长途汽车俱在园之东北隅通过）。其面积约数十亩，四周植以树木花卉，景物颇优。当革军未到南京，楼之中层辟为茶馆，既可远眺以广眼界，又可品茗纳凉。每届盛暑，无晚不坐为之满，近已改建为气象测候所，而为学术机关，非闲人所得自由登临矣。

---

① 坐：同“座”。

② 赑屃：亦作“屃赑”。

③ 园：当为“辟”。

十九 大钟亭

亭在鼓楼东，北极阁旁，前江宁藩台许振祎[①]所建，将卧钟厂（注）之钟掘起，悬于其上，撞之声闻数里，门首有石额曰“元音再起”。钟为铜质，高逾一丈，直径逾五尺，厚逾五寸，上刻“洪武二十一年九月吉日铸”，明初物也。亭之四周，皆用铁柱、铁梁以维之。

注：

《南部考察志》[②]载，钟楼在坐字铺，洪武十五年建。楼上悬鸣钟一口，洪武廿四年四月二十日铸造；立钟一口在楼前，洪武二十五年十二月十四日造；卧钟一口，在府军后卫冈地方，洪武二十五年十一月廿四日造。楼今废，鸣钟、立钟并亡，惟卧钟见存。

---

① 许振祎：原书误作“许振袆”。

② 《南部考察志》：当为“《南京都察院志》”。

二十　秦淮河

《建康志》旧传，秦始皇东巡会稽，经秣陵，因凿方山，断长垄为渎入于江，故曰秦淮。《六朝事迹》："淮水本名龙藏浦，有二源。"其南源出于溧水东庐山，北过入秋坝[①]，入上元县界，径秣陵关东，又北径方山埭西，勾容[②]淮水自堤南西入之。勾容淮水，为淮水之东源。《方舆纪要》：华山在句容"县北六十里，山高九里，泉壑殊深，秦淮水源于此"是也。准[③]自东南二源合流，径方山埭后，西北流至通济门外，明城壕之水入焉，至淮青桥[④]，又与青溪之水合。淮青桥者，古青桥[⑤]大石桥也。以秦淮与青溪相接处，故曰淮青。桥西旧有江令宅（陈尚书江总故宅）、诸葛恪宅，东有郗鉴宅、檀道济宅，杨修之诗注所谓"南朝鼎族多夹青溪"者也。淮清桥东为桃叶渡，晋王献之婢所渡处也。桃叶者，献之爱妾之名。昔之桃叶渡，即今之利涉桥，渡已移于淮青桥、利涉桥之间，吕志[⑥]谓渡在江北。案瑯琊[⑦]诸王，世居乌衣巷，前临淮水，郭璞曰"淮水绝，王氏灭"是也。今乌衣巷在文德桥西，可百余步。但见寻常百姓家，无复王谢遗迹矣。刘梦得诗云："朱雀桥边野草花，乌衣巷口夕阳斜。旧时王谢堂前燕，

---

① 入秋坝：当为"石湫坝"。

② 勾容：即句容，下同不注。

③ 准：当为"淮"。

④ 淮青桥：即淮清桥。

⑤ 青桥：当为"青溪"。

⑥ 吕志：即吕燕昭修《嘉庆江宁府志》。

⑦ 瑯琊：即"琅邪"，亦作"琅琊"。

飞入寻常百姓家。"今昔之感,跃然纸上。

青溪水发源钟山,南流入驻防城,又西出竹桥,入濠而绝。《实录》:"吴赤乌四年,凿东渠名青溪。"《舆地志》:"青溪发源钟山,入于淮,连绵十余里。"在六朝为要隘。晋大宁[①]二年,王敦将沈充犯建康,刘遐败之于清溪[②];咸和元年,苏峻败卞壶于西陵,进攻青溪栅;梁太清三年,萧嗣等将兵渡淮,侯景军于青溪之东是也。自杨吴筑城,青溪始塞。宋开庆中,马光祖复浚之,建先贤祠及诸亭馆于溪上,筑堤飞桥,以便往来,然溪流仅余一曲矣。今诸景并废,故道多湮,惟自昇平桥北流绕钟山书院故址,又东流而北至五老、寿星诸桥,相传为青溪遗迹。国民政府(旧督署)前有青溪里巷,此其证矣。

鉴园在通济门内,绵鞋营[③]路东,前临青溪,眼界极空旷。园内有竹、桃、槐、桐、杉等各种植物,面积虽小,而意境颇幽邃,有茶馆,可以品茗、小食。后门临青溪西岸,可以乘船。其南有览园,形势大致与鉴园相似,而略带俗气。

第一公园　青溪中流有复成桥,当天津桥之南。复成桥东为第一公园(前秀山公园),原为齐燮元纪念李纯所造者,故以其字为园名。自民十六国民革命军克复金陵,奠都于此,初易名为血花公园,继毁秀山铜像为讨孙阵亡烈士纪念塔,并改英威阁为烈士祠,而易以今名焉。烈士祠之建筑,纯为中国式,碧瓦作顶,城砖作墙,中悬革军死难烈士之像,形式颇壮严。复有

① 大宁:当为"太宁"。
② 清溪:当为"青溪"。
③ 绵鞋营:当为"棉鞋营"。

博物馆、通俗图书馆各一，规模甚小。动植皆有，唯植物种类最多。此外尚有喷水池及各种小亭，布置亦尚风雅。惟水太少，仅有一大荷池，一年之中，仅夏天有水，余皆涸。门内右方，有游憩处一所，名逍遥游。有石碑一方，上刻总理遗嘱，入门便见。其阴刻龙潭阵亡烈士碑文，书作俱佳，读之令人兴奋。全园面积，约三四百亩。

大中桥东南为通济门。大中桥西，利涉桥东，为东西钓鱼巷，旧妓院集中之处。利涉桥西为桃叶渡遗迹（注一），为贡院街（在中正街南，秦淮河北岸），今之市政府所在地也。后有茶馆、饭铺、戏园，为游戏场集中之处。贡院街西头，为夫子庙，前临秦淮河，河中泊有画舫。舫身极长大，终年停泊此处，供卖茶之用，故又名茶舫。前有校书坐唱京剧，以助雅兴。近于夫子庙西，辟有秦淮公园，亦游人麇集之所。

秦淮河，水甚污浊，河身宽不越四丈，而河内花舫，约达二百只上下。船上可以吃酒、弈棋、打牌、唤妓，实为从前一种娱乐之场所。河之两旁，在革军未抵此间时，自文德桥直达利涉桥，几皆为歌妓神女藏居之所，琼楼玉宇，毗连岸上，雕梁画栋，南北掩映。每当盛夏，买艇招凉，回翔容兴[①]于利涉、文德二桥之间，扇清风，酌明月，极秦淮之佳胜！犹忆《桃花扇》上有句云：“梨花似雪草如烟，春在秦淮两岸边。一带妆楼临水盖，家家粉影照婵娟。”可谓摹确切描[②]之至。而杜牧《泊秦淮》诗，更足令人深味。诗云：

---

① 容兴：当为“容与”。

② 摹确切描：当为“描摹确切”。

烟笼寒水目[1]笼沙，夜泊秦淮近酒家。

商女不知亡国恨，隔江犹唱后庭花。（注）

附注：

《隋书·五行志》，陈时江南盛歌王献之《桃叶词》。词云："桃叶复桃叶，渡江不用楫。但渡无所苦，我自迎接汝。"及隋晋王广伐陈，置营桃叶山下。

顾亭林《桃叶歌》

桃叶歌，歌宛转。旧日秦淮水清浅，此曲之与[2]自早晚。青溪桥兴[3]日欲斜，白土冈下驱虞车。越州女子颜如花，中官采取来天家，可怜马上弹琵琶。三月桃花四月叶，已报北兵屯六合。宫车塞上行，塞马江东猎。桃叶复桃根，残英委白门。相逢冶城下，犹有六朝魂。

本章附诗

范成大《秦淮并序》

自金陵复泛秦淮，宛转数百曲。世传始皇东巡，自江乘渡，望气者以为金陵有天子气，乃凿长冈引潮水入焉，号曰秦淮。逶迤屈曲，不类人功，故又传为龙所开也。

祖龙驱群龙，疏此万丈沟。

雨工恋故栖，十步九回头。

至今秦淮曲，蜿若春蛇游。

---

① 目：当为"月"。

② 与：当为"兴"。

③ 兴：当为"边"。

舟师厌回互,叹息倚拖[1]楼。
维昔东巡初,八极围寸眸。
天端有佳气,郁郁东南浮。
卜云当兴王,在后五百秋。
叱咤召六丁,惨淡风云愁。
凿渠断地脉,自谓神与谋。
乾坤有端倪,已露不可收。
大帝开吴天,定鼎临江陬。
融融秣陵日,始照十二游。
经营暨六代,兹地称神州。
乃知历数定,昧者徒私忧。
兹事故老传,未知信然不?
始[2]置勿重陈,作诗叹迟留。

附:新都城垣之现状及城门之改称

南京城垣:始自吴大帝孙权,嗣经晋孝武帝、宋真宗、明太祖等代先后扩张,乃有今日。现存之城垣,周围九十二里,城朵[3]一万六千有奇,为全国第一大城。有门十六:汉西,水西,聚宝(今改中华),通济,正阳(今改光华),朝阳(今改中山),太平,丰润(今改元[4]武,乃清末所辟者),神策(今改和平),钟阜(闭塞未开),金川,仪凤(今改兴中),定淮,清凉,草场(上三门均闭塞),海陵(民

① 拖:当为"柁"。
② 始:当为"姑"。
③ 朵:当为"垛"。
④ 元:当为"玄"。

初开辟，今改挹江）。前岁南京市政府成立，即有拆除城垣之议，但未实现 。二年余来，拆除之声始终不绝。去秋刘纪文长京市时，为便利人民汲引饮料计，特将大树城至觉寺①旁之城垣拆除一段，约三丈阔。去冬国府又下令先将太平门至神策一段城垣拆除，但须保留台城。同时北平古物保管委员会又函请京市府请保留太平至神策门一段，以存古迹之真。市府处左右困难环境，不得不暂缓实施。最近国都设计委员会评议会，举行第二次会议时，有该会顾问美人茂菲氏，建议大会，主张南京城垣，在建都整个计划未确定以前，勿即拆除。盖将来未尝无利用处也，应饬京市府暂缓拆除，当经大会通过。由该会主席孙科呈请国府核办。国府即予照准，于八日以第一九四号训令京市府遵照。原令如下："为令饬事，案据本府委员铁道部长孙科呈称，为呈请事，窃查国都统②计评议会，三月一日开二次大会讨论，当由茂菲顾问发表，关于南京城垣存废意见，以为南京城垣，尚非无可利用之处，在计划未决定以前，应暂予保留，以便设计。惟查现在城垣，有一部分在拆卸之中，似应即时制止，免与将来计划或有冲突。当经一致赞同在案。理合备文呈请监核，伏乞迅予饬令南京市市政府，即行停止拆卸工作，以便设计，实为公便，等因。据此，除指令呈悉，所请应予照办，仰候令行该市政府照办。此令印发外，合行令仰该市政府遵照办理。此令。"云云。

① 至觉寺：有脱字，当为"至正觉寺"。

② 统：当为"设"。

跋

总理称:“南京为中国古都,在北京之前,而其位置乃在一美善之地区。其地有高山,有深水,有平原,此三种天工,钟毓一处,在世界中之大都市,诚难觅如此佳境也!”民元南北统一,总理即主张建都于此。徒以格于事实,袁氏坚拒南下,卒奠旧都。自是以还,北洋帜树,丧乱靡宁。丁卯国军北伐,既戡东南,乃本总理遗志,定都南京。盖都城为一国之中心,英以交通、贸易与金融著,法以工艺、美术称,德以学术、美以建筑宏丽闻。必有一物一事,足以起景仰,发爱护,夫而后乃能占要位,立重心。南京自六朝以来,史实悠远,古迹繁博,而又益之以山川之奇丽,风物之清淑,诚立国建都不可多得之所也。惟是迭经兵燹,沧桑陵谷,已露凄凉,遂失爱慕。余游学是邦已有年所。每于课暇假日,辄作漫游,凡南京所有胜迹,足迹殆遍。

尝以史实不详,苦乏意义为憾。屡欲搜罗异闻,博稽志乘,草成短作,以供同好,而偿宿愿,恒以牵于事,未能也。今春任职通教馆图书部,暇辄走访周君树美作杂谈。时周君供职部曹,所居甚近,一日余以作“胜迹考”事商之,彼即忻然俯允。乃分工合作,搜材编选,不三旬,已脱稿。其间周君偏劳为多。际此统一完成,训政伊始,首都为中央政府所在地,若能因览古怀胜,发建国之宏愿,求骈驾于世界,既爱重都城,复进而信崇中央,造成三民五权之治,则幸甚矣。此即作者区区之微意也。

民十八奠都南京二周年纪念后十日芳田志

《南京稀见文献丛刊》

已出书目

《南唐书》(两种) (宋)马令 (宋)陆游 定价：50.00元

《六朝事迹编类·六朝通鉴博议》 (宋)张敦颐 (宋)李焘 定价：32.00元

《景定建康志》 (宋)周应合 定价：201.00元

《金陵百咏·金陵杂兴·金陵杂咏·金陵百咏(外一种)》 (宋)曾极 (宋)苏泂 (清)王友亮 (清)汤濂 定价：38.00元

《洪武京城图志·金陵古今图考》 (明)礼部 (明)陈沂 定价：15.00元

《南京·南京》 (明)解缙 (民国)李邵青 定价：12.00元

《金陵梵刹志》 (明)葛寅亮 定价：138.00元

《金陵玄观志》 (明)葛寅亮 定价：22.00元

《金陵琐事·续金陵琐事·二续金陵琐事》 (明)周晖 定价：47.00元

《客座赘语》 (明)顾起元 定价：42.00元

《后湖志》 (明)赵官 等 定价：60.00元

《金陵世纪·金陵选胜·金陵览古》 (明)孙应岳 (清)余宾硕 定价:44.00元

《献花岩志·牛首山志·栖霞小志·覆舟山小志》 (明)陈沂 (明)盛时泰 (民国)汪闾 定价:30.00元

《留都见闻录·金陵待征录》 (明)吴应箕 (清)金鳌 定价：24.00元

《板桥杂记·续板桥杂记·板桥杂记补》 (明末清初)余怀 (清)珠泉居士 (清末民初)金嗣芬 定价：25.00元

《建康古今记》 (清)顾炎武 定价：16.00元

《白下琐言》 (清)甘熙 定价：26.00元

《盋山志》 (清)顾云 定价：19.00元

《秣陵集》 (清)陈文述 定价：39.00元

《钟山书院志》 （清）汤椿年　定价：30.00 元

《随园食单·白门食谱·冶城蔬谱·续冶城蔬谱》 （清）袁枚　（民国）张通之　（清末民初）龚乃保　（民国）王孝煃　定价：24.00 元

《承恩寺缘起碑板录·律门祖庭汇志·扫叶楼集·金陵乌龙谭放生池古迹考》 （清）释鹰巢　（清末民初）释辅仁　（民国）潘宗鼎　（民国）检斋居士　定价：36.00 元

《金陵杂志·金陵杂志续集》 （清末民初）徐寿卿　定价：38.00 元

《金陵琐志九种》 （清末民初）陈作霖　（民国）陈诒绂　定价：90.00 元

　《运渎桥道小志》 （清末民初）陈作霖

　《凤麓小志》 （清末民初）陈作霖

　《东城志略》 （清末民初）陈作霖

　《金陵物产风土志》 （清末民初）陈作霖

　《南朝佛志寺》 （清末民初）孙文川　陈作霖

　《炳烛里谈》 （清末民初）陈作霖

　《钟南淮北区域志》 （民国）陈诒绂

　《石城山志》 （民国）陈诒绂

　《金陵园墅志》 （民国）陈诒绂

《梁代陵墓考·六朝陵墓调查报告》 （清末民初）张璜　（民国）中央古物保管委员会编辑委员会　定价：60.00 元

《金陵关十年报告》 （清末民国）金陵关税务司　定价：28.00 元

《金陵胜迹志》 （民国）胡祥翰　定价：20.00 元

《金陵岁时记·岁华忆语》 （民国）潘宗鼎　（民国）夏仁虎　定价：13.00 元

《秦淮志》 （民国）夏仁虎　定价：15.00 元

《明孝陵志》 （民国）王焕镳　定价：27.00 元

《金陵大报恩寺塔志》 (民国)张惠衣　定价:23.00 元

《首都计划》 (民国)国都设计技术专员办事处　定价:40.00 元

《总理陵园管理委员会报告》 (民国)总理陵园管理委员会　定价:138.00 元

《总理奉安实录》 (民国)总理奉安专刊编纂委员会　定价:60.00 元

《总理陵园小志》 (民国)傅焕光　定价:16.00 元

《新都胜迹考》 (民国)周念行　徐芳田　定价:13.00 元

《新京备乘》 (民国)陈迺勋　杜福堃　定价:48.00 元

《新南京》 (民国)南京市市政府秘书处　定价:26.00 元

《陷京三月记》 (民国)蒋公穀　定价:13.00 元

《南京概况》(秘密) (民国)书报简讯社　定价:60.00 元